Ulrich Renz / Barbara Brinkmann

Sov godt, lille ulv

ፁቡቅ ድቃስ፥ ንእሽቶይ ተኹላ

Billedbog i to sprog

Oversættelse:

Michael Schultz, Lübeck, Germany (dansk)

Selam Zekarias, Stuttgart, Germany (tigrinyansk)

Little Wolf would like to meet you at his home:

www.childrens-books-bilingual.com

"Godnat, Tim! Vi leder videre i morgen.

Sov nu godt!"

"ዳሓን ሕደር ቲም! ኣጆኻ ጽባሕ ክንደልዮ ኢና።

ሉዋም ለይቲ ዝወደይ።»

Udenfor er det allerede mørkt.

ደገ ጸልማት ኢዩ ዘሎ።

Hvad laver Tim nu der?

ቲም ዳአ እንታይ ይገብር አሎ፧

Han går ud til legepladsen.
Hvad leder han efter?

ናብ መጻወቲ ናይ ቆልዑት ይኸይድ ኣሎ።
እንታይ ዳአ ይደሊ ኣሎ፧

Den lille ulv!

Uden den kan han ikke sove.

ነቲ ንእሽተይ ተኹላ!

ብዘይ ቡኡ ክድቅስ ኣይከእልን እዩ።

Hvem kommer der?

መን ዳአ ኮን ይመጽ አሎ፥

Marie!

Hun leder efter sin bold.

ማሪ!

ኩዉሶኣ ትደልያ ኣላ።

Og hvad leder Tobi efter?

ቶቢ ከአ እንታይ ይደሊ አሎ፤

Sin gravemaskine.

ናቱ ዶዘር።

Og hvad leder Nala efter?

ናላ ክ እንታይ ትደሊ ኣላ፧

Sin dukke.

ናታ ባምቡላ።

Skulle børnene ikke være i seng?
Katten undrer sig.

እዘም ቆልዑት ዳእ አይድቁሱን ድዮም፧
አታ ዱሙ ብጣዓሚ ገሪሙዋ።

Hvem kommer nu?

ሕጂ ዳአ መን ይመጽእ አሎ፧

Tims mor og far!
Uden deres Tim kan de ikke sove.

አደኡን፣ አቡኡን ናይ ቲም!
ብዘይ ቲም ክድቅሱ ኣይ ክእሉን ኢዮም።

Og dér kommer der endnu flere! Maries far.

Tobis bedstefar. Og Nalas mor.

እንደገና ቡዛሓት ይመጹ ኣልዉ! ኣቦ ናይ ማሪ።

ኣቦሓጎኡ ናይ ቶቢ። እንደገና ኣደ ናይ ናላ።

Men nu hurtigt i seng!

ሕጂ ቀልጢፍኩም ናብ ዓራትኩም ደይቡ!

"Godnat, Tim!
I morgen behøver vi ikke at lede mere."

"ሉዋም ለይቲ ቲም! ጽባሕ ንተኹላ ምድላይ ኣይድለይናን ኢዩ፤ ስለ
ዝረኸብናዮ።»

"Sov godt, lille ulv!"

"ፀቡቅ ድቃስ፡ ንእሽቶይ ተኹላ!»

More about me …

Que duermas bien, pequeño lobo
Schlaf gut, kleiner Wolf

Ulrich Renz / Barbara Brinkmann

español · bilingüe · alemán

Schlaf gut, kleiner Wolf
راحت بخواب، گرگ کوچک

Ulrich Renz / Barbara Brinkmann

Deutsch · bilingual · Persisch (Farsi)

Dors bien, petit loup
Sleep Tight, Little Wolf

Ulrich Renz / Barbara Brinkmann

français · bilingue · anglais

نم جيدا أيها الذئب الصغير
Sov gott, lilla vargen

Ulrich Renz / Barbara Brinkmann

العربية · ثنائي اللغة · السويدية

Sofðu rótt, litli úlfur
Όνειρα γλυκά, μικρέ λύκε

Ulrich Renz / Barbara Brinkmann

Íslenska · tvímála · gríska

Dorme bem, lobinho
Suaviter dormi, lupe parve

Ulrich Renz / Barbara Brinkmann

português · bilingue · latino

Schlaf gut, kleiner Wolf
おおかみくんも
くっすり　おやすみなさい

Ulrich Renz / Barbara Brinkmann

Deutsch · bilingual · japanisch

잘 자, 꼬마 늑대야
Slaap lekker, kleine wolf

Ulrich Renz / Barbara Brinkmann

한국어 · 양국어 · 네덜란드어

**Приятных снов,
маленький волчёнок**
Sleep Tight, Little Wolf

Ulrich Renz / Barbara Brinkmann

русский · двуязычный · английский

راحت بخواب، گرگ کوچک
Schlaf gut, kleiner Wolf

Ulrich Renz / Barbara Brinkmann

فارسی · دوزبانی · آلمانی

**Que duermas bien,
pequeño lobo**
نم جيداً أيها الذئب الصغيرُ

Ulrich Renz / Barbara Brinkmann

español · bilingüe · árabe

സുഖമായി ഉറങ്ങൂ
ചെന്നായി കുഞ്ഞേ
Dormi bene, piccolo lupo

Ulrich Renz / Barbara Brinkmann

മലയാളം · ദ്വിഭാഷാ · ഇംഗ്ലീഷൻ

Dormi bene, piccolo lupo
जम के सोना , छोटे भेड़िये

Ulrich Renz / Barbara Brinkmann

italiano · bilinguale · hindi

ፀቡቅ ድቃስ፣ ንእሽቶይ ተኹላ
Selamat tidur, si serigala

Ulrich Renz / Barbara Brinkmann

ትግር · ብ ፂጠፈ ፃኀኣ · Malaysian

Śpij dobrze, mały wilku
ძილი ნებისა, პატარა მგელო

Ulrich Renz / Barbara Brinkmann

polski · Dwujęzyczna · gruziński

**Солодких снів,
маленький вовчику**
잘 자, 꼬마 늑대야

Ulrich Renz / Barbara Brinkmann

українська · двомовний · корейська

Children's Books for the Global Village

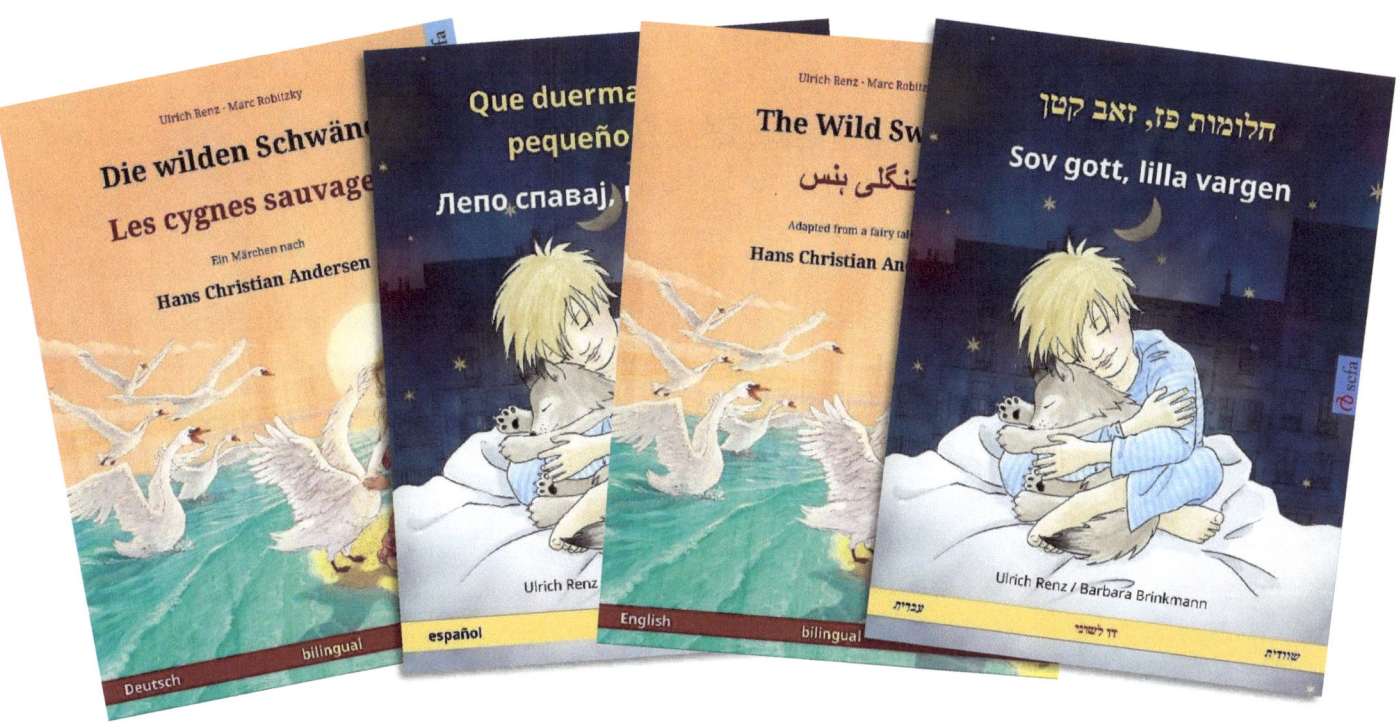

Ever more children are born away from their parents' home countries, and are balancing between the languages of their mother, their father, their grandparents, and their peers. Our bilingual books are meant to help bridge the language divides that cross more and more families, neighborhoods and kindergartens in the globalized world.

Little Wolf also proposes:

The Wild Swans

Bilingual picture book
adapted from
a fairy tale by
Hans Christian Andersen

► Reading age 5 and up

www.childrens-books-bilingual.com

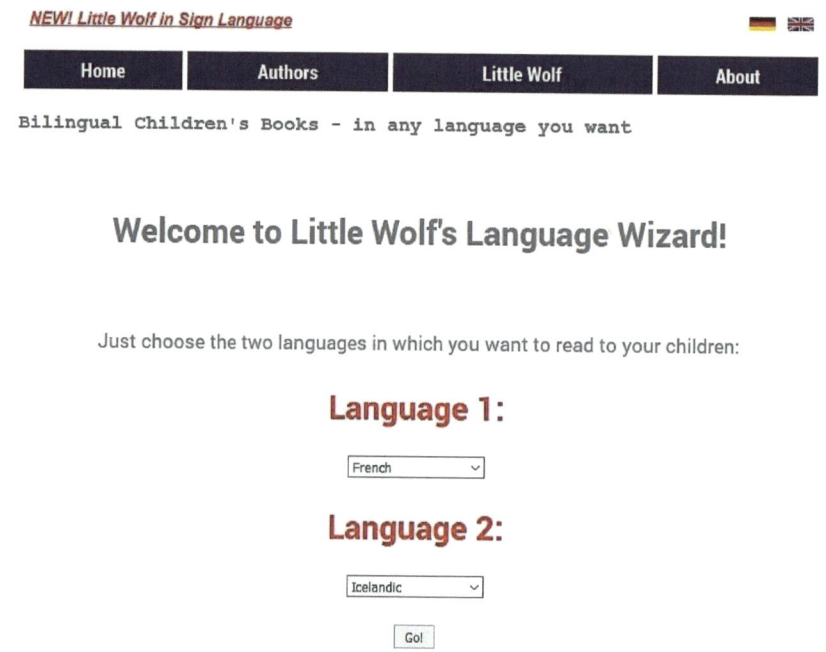

NEW! Little Wolf in Sign Language

Home	Authors	Little Wolf	About

Bilingual Children's Books - in any language you want

Welcome to Little Wolf's Language Wizard!

Just choose the two languages in which you want to read to your children:

Language 1:

French ⌄

Language 2:

Icelandic ⌄

Go!

Learn more about our bilingual books at www.childrens-books-bilingual.com. At the heart of this website you will find what we call our "Language Wizard". It contains more than 60 languages and any of their bilingual combinations: Just select, in a simple drop-down-menu, the two languages in which you'd like to read "Little Wolf" or "The Wild Swans" to your child – and the book is instantly made available, ready for order as an ebook download or as a printed edition.

As time goes by ...

... the little ones grow older, and start to read on their own. Here is Little Wolf's recommendation to them:

BO & FRIENDS

Smart detective stories for smart children

Reading age: 10 + - www.bo-and-friends.com

Wie die Zeit vergeht ...

Irgendwann sind aus den süßen Kleinen süße Große geworden – die jetzt sogar selber lesen können. Der kleine Wolf empfiehlt:

MOTTE & CO

Kinderkrimis zum Mitdenken

Lesealter ab 10 – www.motte-und-co.de

About the authors

Ulrich Renz was born in Stuttgart, Germany, in 1960. After studying French literature in Paris he graduated from medical school in Lübeck and worked as head of a scientific publishing company. He is now a writer of non-fiction books as well as children's fiction books. – www.ulrichrenz.de

Barbara Brinkmann was born in Munich, Germany, in 1969. She grew up in the foothills of the Alps and studied architecture and medicine for a while in Munich. She now works as a freelance graphic artist, illustrator and writer. – www.bcbrinkmann.com

© 2017 by Sefa Verlag Kirsten Bödeker, Lübeck, Germany
www.sefa-verlag.de

Database: Paul Bödeker, München, Germany
Font: Noto Sans

ISBN: 9783739900940

Version: 20170513